BEI GRIN MACHT SICH IHR WISSEN BEZAHLT

Bibliografische Information der Deutschen Nationalbibliothek:

Die Deutsche Bibliothek verzeichnet diese Publikation in der Deutschen National-
bibliografie; detaillierte bibliografische Daten sind im Internet über http://dnb.d-
nb.de/ abrufbar.

Impressum:

Copyright © 2008 GRIN Verlag, Open Publishing GmbH
Druck und Bindung: Books on Demand GmbH, Norderstedt Germany
ISBN: 9783640501991

Dieses Buch bei GRIN:

http://www.grin.com/de/e-book/140178/elektronische-signaturverfahren-prinzipien-
anwendungen-massensignaturen

Johannes Werner

Elektronische Signaturverfahren. Prinzipien, Anwendungen, gen, Massensignaturen sowie Anwendung in anderen Ländern

GRIN Verlag

GRIN - Your knowledge has value

Der GRIN Verlag publiziert seit 1998 wissenschaftliche Arbeiten von Studenten, Hochschullehrern und anderen Akademikern als eBook und gedrucktes Buch. Die Verlagswebsite www.grin.com ist die ideale Plattform zur Veröffentlichung von Hausarbeiten, Abschlussarbeiten, wissenschaftlichen Aufsätzen, Dissertationen und Fachbüchern.

Besuchen Sie uns im Internet:

http://www.grin.com/

http://www.facebook.com/grincom

http://www.twitter.com/grin_com

Hauptseminar:	Wirtschaftsinformatik im Wintersemester 2007/2008 zum
Thema:	Signaturverfahren: Prinzipien, Anwendungen – Aufbau und Möglichkeit zur Durchführung von Massensignaturen – Übersicht der Anwendung in anderen Ländern
Nummer des Themas:	7
von:	Jo Werner aus Würzburg

1 500 Millionen Euro jährlich

Ein Einsparpotential in dieser Höhe bei den Verwaltungsausgaben prognostiziert das Fraunhofer Institut als Effekt der Einführung der JobCard [WELT07], Kostensenkungseffekte in gleicher Höhe beständen einer Studie des E-Finance Labs zufolge bei den 1000 größten deutschen Unternehmen, würden bestehende Rechnungsprozesse im Geschäftskundenverkehr durch rein elektronische ersetzt [ITSE05].

Mit dem zunehmenden Integrationsgrad elektronischer Geschäftsabwicklung sind besonders aus Sicht der Unternehmen, der Verwaltung aber auch der Endkunden robuste, kostengünstige und möglichst einfache Lösungen für die rechtssichere Ablösung papiergebundener Verfahren erforderlich.

Ein Aspekt ist dabei das elektronische Äquivalent zu Urkunde und Unterschrift im Sinne der deutschen und europäischen Gesetzgebung, welches zudem auch Formerfordernissen und Beweismittelansprüchen genügen muss.

Anhand ausgewählter Bereiche und beispielhafter Darstellungen wird in dieser Arbeit ein Überblick zur Erfüllung dieser Zielsetzung mittels elektronischer Signaturverfahren gegeben.

2 Prinzipien elektronischer Signaturverfahren

Begleitend zu einer schematischen Darstellung der Signierung elektronischer Dokumente mit unterschiedlich sicheren, elektronischen Signaturen erfolgt in diesem Kapitel eine Einführung in die Begrifflichkeiten, Zielsetzungen und Funktionen sowie die rechtlichen Grundlagen elektronischer Signaturverfahren.

2.1 Elektronische Signatur und rechtliche Regelungen

Die wichtigsten **gesetzlichen Grundlagen** in Deutschland zur Definition der elektronischen Signatur sowie deren organisatorischen und technischen Rahmenbedingungen sind das Signaturgesetz (SigG) [BUND07a] und die Signaturverordnung (SigV) [BUND07b]. Die **Rechtsfolgen** der Verwendung der elektronischen Signatur sind davon getrennt im Bürgerlichen Gesetzbuch (BGB), der Zivilprozessordung (ZPO), dem Verwaltungs- und Verfahrensrecht sowie 30 weiteren Gesetzen und Verordnungen geregelt, die Anwendung und Stellung der elektronischen Signatur im Rechtsverkehr bestimmen [WEND03, S. 151; KOMN07, S. 103].

Die Darstellung zeigt gemäß SigG § 2 Art.1 die einfachste Form der elektronischen Signatur. Diese ist mit dem elektronischen Dokument verknüpft und ermöglicht eine Zuordnung zu einem Absender [GRUN07, S. 7].

Abbildung 1: Elektronische Signatur am Beispiel einer Email [GRUN07, S. 7]

Elektronische Dokumente sind nicht nur Textinformationen, sondern können sowohl Bild- und Audioinformationen als auch sonstige mediale Inhalte in einer oder mehreren zusammenhängenden Dateien umfassen. Ferner muss eine Ausgabe dieser in einer für den Menschen wahrnehmbaren und interpretierbaren Form durch ein Programm möglich sein [FISC06, S. 57].

Der Terminus „**Elektronische Signatur**" selbst ist ein Rechtsbegriff. Mit der Zielsetzung der Anwendung der definierenden Gesetze auch auf zukünftige technische Verfahren ist die Art der Realisierung bewusst offen gehalten (Technologieneutralität). Abzugrenzen ist davon der Begriff „**Digitale Signatur**", das nach dem heutigen Stand der Technik aktuelle Verfahren, welches bei der Erstellung der elektronischen

Signaturen mittels asymmetrischer Kryptoalgorithmen derzeit zur Anwendung kommt [KOMN07, S. 32 u. 103; LENZ04, S. 16; BUND06, S. 9].

Das einfache Hinzufügen des Namens oder eines Bildes der eingescannten Unterschrift ermöglicht weder sichere Identifikation des Absenders noch ist die Manipulationsfreiheit des Dokumentes bei Erhalt nachweisbar. Die Sicherheit und die rechtlichen Auswirkungen dieser Form der elektronischen Signatur sind daher nur sehr gering. Der Versand eines solchen elektronischen Dokuments ohne weitere Schutzmaßnahmen gleicht dem Versand einer mit Bleistift geschriebenen und unterschriebenen Postkarte, ein für vertrauenswürdigen Datenaustausch ungeeignetes Sicherheitsniveau. Elektronische Dokumente mit der zu Abgrenzungszwecken oft „einfache elektronische Signatur" genannten Signierung erfüllen lediglich die Textform gemäß BGB § 126b und können nur bei formfreien Rechtsgeschäften Anwendung finden. Als Beweismittel ist sie lediglich im Sinne von Objekten des Augenscheins zugelassen, es gilt das Gericht von der Integrität des Dokumentes und der Zuordnung zum Unterzeichner zu überzeugen [FISC06, S. 83f.; GRUN07, S. 6f.].

Auch für die folgende, nächsthöhere Stufe der elektronischen Signatur gelten die gleichen Rechtsfolgen [KOMN07, S. 109].

2.2   Fortgeschrittene elektronische Signatur und Ziele der Signaturanwendung

Diese Signatur erfordert aufgrund der konstituierenden Eigenschaften gemäß SigG § 2 Art. 2 einen komplexeren Signaturvorgang als die einfache elektronische Signatur. Signaturen dieser Stufe müssen zusätzlich folgende Bedingungen erfüllen:

- Sie müssen ausschließlich dem Signaturschlüssel-Inhaber zugeordnet sein,
- und die Identifizierung des Signaturschlüssel-Inhabers ermöglichen.
- Ferner dürfen sie nur mit Mitteln erzeugt werden, die der Signaturschlüssel-Inhaber unter seiner alleinigen Kontrolle halten kann.
- Mit den Daten, auf die sie sich beziehen, müssen sie so verknüpft sein, dass eine nachträgliche Veränderung der Daten erkannt werden kann.

Wie in 2.1 beschrieben, kommt zur Erfüllung der letzten Forderung derzeit nur die digitale Signatur in Frage [BUND06, S. 9].

Die Darstellung auf der folgenden Seite illustriert die Prozessschritte des Signaturverfahrens bei Verwendung der fortgeschrittenen elektronischen Signatur.

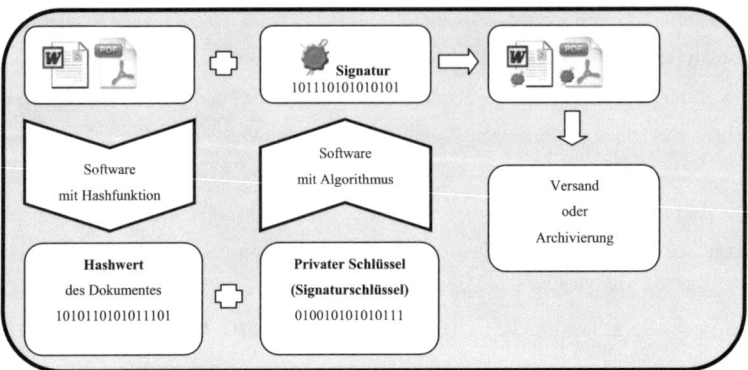

Abbildung 2: Verwendung der fortgeschrittenen elektronischen Signatur durch den Signaturinhaber, in Anlehnung an [GRUN07, S. 34]

Der Empfänger bildet aus dem elektronischen Dokument auf gleiche Weise wie der Sender einen Hashwert. Die mit dem öffentlichen Schlüssel (Signaturprüfschlüssel) des Senders dekryptierte Signatur ergibt ebenfalls einen Hashwert. Besteht Kongruenz, ist das Dokument bitgleich dem Zustand zum Zeitpunkt der Signierung und es wurde der dem öffentlichen Schlüssel zugehörige private Schlüssel (Signaturschlüssel) verwendet [GRUN07, S. 34f.].

Die **Zielsetzung** des Schutzes vor Veränderungen und Manipulationen von Daten (Integrität), der sichere Identifikation des Kommunikationspartners (Authentizität) und der Nachweisbarkeit von Aktionen (Nichtabstreitbarkeit, Verbindlichkeit, z. B. einer Willenserklärung) kann somit auch bereits durch die fortgeschrittene elektronische Signatur erreicht werden [LENZ04, S.91; BUND06, S.1].

Da bei dieser jedoch weder Schlüsselvergabe, Prüfung der Identität des Schlüsselempfängers noch technische Attribute wie Verfahren und Schlüssellängen reguliert sind, ist vor allem die Authentizität eine Frage der Qualität der technischen und organisatorischen Umsetzung. Ausreichende Verlässlichkeit besteht nur unter bestimmten Voraussetzungen, wie Zertifikatsverwendung, geschlossenen Benutzergruppen oder singulären Sender-Empfänger-Beziehungen. Für eine firmeninterne Nutzung oder eine Anwendung im elektronischen Briefverkehr kann dieses Sicherheitsniveau dann ausreichend sein [LENZ04, S. 91f.].

Eine Vertiefung der technischen Grundlagen, insbesondere der verwendeten Algorithmen, Verschlüsselungsverfahren, Public Key Cryptography Standards, Hashverfahren und deren Kollisionsresistenz findet im Rahmen dieser Arbeit nicht statt.

2.3 Qualifizierte elektronische Signatur und organisatorischer Rahmen

Die qualifizierten elektronischen Signaturen (QES) müssen nach SigG § 2 Art. 3 zu den bisher eingeführten Eigenschaften zusätzlich

* auf einem zum Zeitpunkt ihrer Erzeugung gültigen qualifizierten Zertifikat beruhen und
* mit einer sicheren Signaturerstellungseinheit (SSEE) erzeugt werden.

Ein **qualifiziertes Zertifikat** ist nach SigG § 2 Art. 6 eine elektronische Bescheinigung, mit der die Identität des Besitzers durch Dritte bestätigt ist. Es wird mit dem Signaturschlüssel an den Besitzer eindeutig vergeben und stellt so für die Prüfung signierter Daten eine vertrauenswürdige Verknüpfung der Identität dieser Person mit den Signaturprüfdaten dar. Es darf nur für natürliche Personen ausgestellt werden [KOMN07, S. 60].

Die Funktion des vertrauenswürdigen Dritten übernehmen die **Zertifizierungsdiensteanbieter** (ZDA). Das sind natürliche oder juristische Personen, die qualifizierte Zertifikate oder Zeitstempel anbieten. Sie unterliegen strengen Regeln, z. B. hinsichtlich der eingesetzten kryptographischen Verfahren, der Zertifizierung, der dazugehörigen Infrastruktur sowie der zugrundliegenden Hard- und Softwarekomponenten. ZDA müssen der Bundesnetzagentur ihre Betriebsaufnahme anzeigen und die Erfüllung der gesetzlichen Vorgaben nachweisen. Auf Antrag kann ein ZDA nach einer erfolgreichen Prüfung durch die Bundesnetzagentur oder deren Beauftragte den Status des **akkreditierten ZDA** erhalten und somit eine sehr hohe Vertrauenswürdigkeit dokumentieren, z. B. verlängert sich die Aufbewahrungspflicht für Zertifikate von 5 auf 30 Jahre [KOMN07, S. 261; WEND03, S. 54f.]. Die Bundesnetzagentur, Kontrollinstanz und Wurzelzertifikatsanbieter, listet im Dezember 2007 acht akkreditierte und drei angezeigte ZDA auf [BUND07c].

Anders als das in Abbildung 2 beschriebene Verfahren muss die QES mit einer gesetzeskonformen, sicheren Signaturerstellungseinheit (Chipkarte, USB-Token) erzeugt werden, die den Signaturschlüssel enthält und vor der Verwendung eine Passworteingabe oder anderweitige Verifikation verlangt. Neben dem signierten Dokument wird zusätzlich das qualifizierte Zertifikat übermittelt. Der Empfänger fragt über dieses die Daten bei dem ausstellenden ZDA ab und kann Gültigkeit und Identität des Senders verlässlich verifizieren. Die gesetzlich geregelte Haftungspflicht der ZDA erhöht die Verlässlichkeit zusätzlich [GRUN07, S. 37; BUND07a § 11 u. 12].

Durch die mit diesen Regelungen erreichte, sehr hohe Vertrauenswürdigkeit der QES sind elektronische Dokumente im Rechtsverkehr den papiergebundenen gleichgestellt. Sie erfüllen die Schriftform (§ 126 BGB), die elektronische Form (§ 126b BGB) und können somit die eigenhändige Unterschrift ersetzen. Ferner sind QES auch für alle vereinbarten Formen (§ 127 BGB) verwendbar. Vor Gericht besteht die Eigenschaft des Anscheinsbeweises, Unterzeichner und Echtheit des Dokuments gelten solange als glaubwürdig, bis berechtigte Zweifel erbracht werden können [GRUN07, S. 9; FISC06, S. 75f.].

Basierend auf den in diesem Kapitel angesprochenen Grundlagen ist festzustellen, dass die organisatorischen, technischen und rechtlichen Voraussetzungen für eine Anwendung und Etablierung der elektronischen Signatur für alle Bereiche bestehenden und potentiellen elektronischen Geschäftsverkehrs gegeben sind.

3 Anwendung elektronischer Signaturverfahren

Die Arbeitsgemeinschaft der Trustcenterbetreiber listet derzeit 833 Akzeptanzstellen für die qualifizierte elektronische Signatur mittels Signaturkarten, die den Anforderungen des Signaturgesetzes entsprechen. Die Übersicht zeigt, dass besonders im innerbehördlichen Verkehr (G2G), zwischen Unternehmen (B2B) und zwischen beiden Gruppen dank rechtlicher Vorgaben die Signaturen zum Einsatz kommen [T7EV07].

3.1 Anwendungsbeispiele

Zwingend vorgeschrieben ist die QES bereits für den Vorsteuerabzug bei elektronischer Rechnung gemäß §14 UStG und zur elektronischen Archivierung zahlungsbegründender Unterlagen in der Sozialgesetzgebung [LENZ04, S.47f.].

Eine Breitenwirkung im Bereich Government to Citizen (G2C) hat das Dienstleistungsportal der Finanzverwaltung ElsterOnline und die elektronische Steuererklärung ElsterFormular. Dazu werden drei Zertifikatsstufen angeboten, von denen die einfachste softwarebasiert und kostenlos ist. Eine bevorzugte, schnellere Behandlung der elektronisch eingereichten Anträge zur Jahressteuererklärung wird zugesagt, sodass die Vermeidung von Medienbrüchen und damit Kosteneinsparungen seitens der Finanzämter auch dem Bürger zugute kommen [BAYE07].

Weitere Beispiele für Anwendungen sind das elektronische Grundbuch, die elektronische Beantragung von Ursprungszeugnissen, das Online-Mahnverfahren oder das elektronische Gerichts- und Verwaltungspostfach sowie einige regional beschränkte

Nutzungsmöglichkeiten. Bei allen kommt die QES zur Sicherung der Authentizität und Integrität zum Einsatz [WEND03, S.25-48].

3.2 Anwendungsprobleme

Anstatt eines weiteren Beispiels wird hier kurz auf die Problematik der im Allgemeinen sehr geringen Anwendung der elektronischen Signatur durch die Bevölkerung verwiesen. Die Ursachen können nur angerissen werden. Einerseits sind Nutzen und Kosten der Verwendung der elektronischen Signatur asymmetrisch verteilt. Während Unternehmen und Verwaltungen, z. B. durch die Beseitigung der Medienbrüche, erheblich Kosten sparen, lohnen die Ausgaben für Smartcard und Kartenleser für den Bürger mit durchschnittlich zwei Behördengängen pro Jahr nicht. Ohne große Verbreitung lohnt sich für die Unternehmen die Applikationsentwicklung (B2C) aber nicht, geringe Verwendbarkeit der Signatur wiederum führt zu geringer Verbreitung. Die staatlichen Initiativen zu einer großflächigen Einführung, wie JobCard, elektronischer Personalausweis oder Gesundheitskarte, sind noch immer nicht umgesetzt und zeigen deswegen bisher keine Auswirkung bei der Bevölkerung. Eine Verbesserung ist jedoch gerade aufgrund dieser Projekte für die kommenden Jahre zu erwarten [ROSS07, S. 1-12; GRUN07, S. 141].

Eine besondere und bereits erfolgreiche Form der Anwendung behandelt Kapitel 4.

4 Spezielle Anwendung: Massensignatur

Die Möglichkeiten der elektronischen Signatur entfalten ihre kostenreduzierende Wirkung vor allem bei vielfacher, wiederholter Anwendung, z. B. in einer Financial Supply Chain mit umfangreicher elektronischer Rechnungsstellung (e-Invoicing) im Bereich B2B. Dem stehen dann aber Kosten für den manuellen Einsatz der QES gegenüber. Muss für die Erzeugung jeder einzelnen Signatur eine PIN eingegeben werden, sind mögliche Einsparungen der Prozesskosten verringert oder gar aufgehoben. Der Begriff „Massensignatur" findet sich allerdings nicht im SigG oder der SigV, sondern lediglich in der „Begründung zum Entwurf einer Verordnung zur elektronischen Signatur in der Fassung des Kabinettbeschlusses vom 24. 10. 2001". Gefordert wird dort, bei der automatischen Erzeugung von Signaturen sicherzustellen, dass diese nur für den voreingestellten Zweck und mittels einer geprüften und abgenommenen Anwendung erstellt werden [HÜHN03, S. 293-296.].

4.1 Aufbau

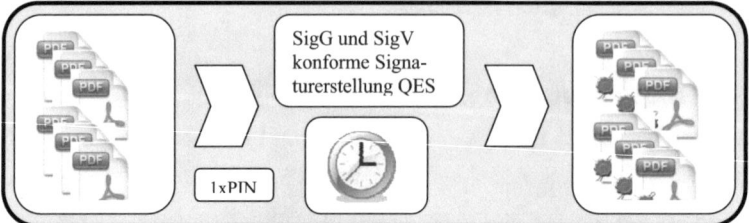

SigG und SigV konforme Signaturerstellung QES

1×PIN

Abbildung 3: Aufbau Massensignatur mit QES und Zeitfenster [GRUN07, S. 37]

Auslöser des abgebildeten Vorgangs ist auch hier die natürliche Person, der Signatur und Zertifikat zugeordnet sind. Der Prozess startet mit der PIN-Eingabe des Signaturinhabers. Solange die Signaturkarte im Lesegerät verbleibt, können auf dem Chip der Karte die elektronischen Signaturen erstellt werden. Die Dauer der Signierung wird durch Auswahl der Dokumente (Stapel) oder durch ein Zeitfenster beschränkt. Es sind geeignete Maßnahmen zu treffen, die eine Manipulation der Auswahl an Dokumenten oder den Verlust der Signaturkarte verhindern [SCHM06, S. 14].

War ein solcher Aufbau bisher an bestimmte Hardware (Signaturserver, ggf. Kartenrack) gebunden, bietet seit Oktober 2007 die Deutscher-Sparkassenverlag-Gruppe erstmalig eine Einzelplatzlösung an, bei der an jedem gewöhnlichen PC-Arbeitsplatz mit einem Windows-Betriebssystem und entsprechendem Chipkartenleser die qualifizierten elektronischen Massensignaturen erstellt, versendet und archiviert werden können. Besonders für kleine und mittelständische Unternehmen dürfte diese Anwendung wegen des geringen Investitionsaufwandes interessant sein [DSVG07].

4.2 Möglichkeiten der Durchführung

Organisatorisch kann der Prozess der Signierung **im Unternehmen** selbst stattfinden, als externer Service in den Prozess eingebunden (**Application-Service-Provider**) oder aber die Rechungsstellung und Archivierung komplett extern vergeben werden (**Outsourcing**) [WEND03, S. 203f.].

Da die Signaturerstellung in der Signaturerstellungseinheit erfolgt, kann bei großen Mengen deren Leistungsfähigkeit ein Engpass werden. Die Trustcenter bieten daher für Massensignaturen **leistungsfähigerer Signaturerstellungseinheiten** (besondere Chipkarten) an, deren technische Performance entsprechend höher ist. Alternativ kann die Rechenlast auch auf mehrere Chipkarten in einem Kartenrack verteilt werden, diese **Parallelisierung** bringt ebenfalls Performancegewinne. Das Zusammenfassen von Dokumenten unter Verwendung eines Hashwertbaumes ist als weitere Lösung in der Diskussion [GRUN07, S. 69-71; HÜHN03, S. 304f.].

Neben der Performance ist bei Signaturverwendung auch die internationale Interoperabilität von Interesse. Teilaspekte dazu werden in Kapitel 5 behandelt.

5 Signaturverfahren in anderen Ländern

Einen kleinen exemplarischen Vergleich zweier ausgewählter Länder bietet die folgende Tabelle:

Tabelle 1: Signaturverfahren im europäischen Vergleich – zwei Beispiele

Region	Europäische Union	Deutschland	Griechenland
Gesetz Richtlinie	Signaturrichtlinie [DASP00]	SigG, SigV	Präsidialerlass 150/2001
Notation Stufe 1	elektronische Signatur	elektronische Signatur	elektronische Signatur
Notation Stufe 2	fortgeschrittene elektronische Signatur	fortgeschrittene elektronische Signatur	fortgeschrittene elektronische Signatur
Notation Stufe 3	fortgeschrittene elektronische Signatur + QES + SSEE	qualifizierte elektronische Signatur	elektronische Signatur des Art. 3 Abs. 1 PE
Beispiel Kosten Stufe 3	keine festgelegten Kosten	www.d-trust.net 117,81 € Smartcard, 2 Jahre	www.adacom.com 200,- € USB-Token, 1 Jahr
Zeitstempel	SigRL Begründung Art. 9	SigG § 2 Art 14 und § 9	Keine rechtlichen Vorgaben
Kontrollinstanz	SigRL Art. 3 Abs. 3	Bundesnetzagentur	Nationale Kommission für Telekommunikation und Post
Anzahl ZDA	SigRL Art. 3	11, davon 8 akkreditierte	7, davon 3 akkreditiert

Die Umsetzung der SigRL ist in beiden Ländern sehr ähnlich. Für den Begriff der QES gibt es keine griechische Entsprechung, er bietet im Deutschen eine bessere Abgrenzung. Als nachteilig ist zu werten, dass Griechenland keine rechtsverbindliche Bestimmung zum Zeitstempel erlassen hat. Beide Länder erkennen die Signaturen gegenseitig an, Interoperabilität ist somit gegeben [KOMN07, S. 118 u. 393f.].

6 Ausblick

Faktoren wie der Kostendruck in den Unternehmen und der Verwaltung, die zunehmende Integration und Automatisierung im Supply Net, steigende Gefährdung der elektronischen Kommunikation sowie nationale und europäische Förder-und Forschungsprogramme werden die zukünftige Entwicklung vorantreiben. Standardisierungen (z. B. ISIS-MTT), Einbezug biometrischer Verfahren, die Problematik privater und beruflicher Nutzung einer Signatur sind Beispiele bestehender Herausforderungen. Auch die Adaption an die schnelle technische Entwicklung bleibt essentiell: zum 01.01.2008 hat die Bundesnetzagentur die vorgeschriebene Schlüssellänge für die QES auf 2048 Bit erhöht [BUND07c].

Quellenverzeichnis

[BAYE07]	Bayerisches Landesamt für Steuern: ELSTER - Die elektronische Steuererklärung. In: http:// www.elster.de, Informationsabfrage am 10.12.2007.
[BUND06]	Bundesamt für Sicherheit in der Informationstechnik (Hrsg.): BSI - Grundlagen der elektronischen Signatur. In: http://www.bsi.de/esig/esig.pdf, Erstellungsdatum vom 01.03.2006.
[BUND07a]	Bundesministerium für Wirtschaft und Arbeit (Hrsg.): Gesetz über Rahmenbedingungen für elektronische Signaturen (Signaturgesetz - SigG). In: http://bundesrecht.juris .de/bundesrecht/sigg_2001/gesamt.pdf, Fassung vom 26.2.2007.
[BUND07b]	Bundesministerium für Wirtschaft und Arbeit (Hrsg.): Verordnung zur elektronischen Signatur (Signaturverordnung - SigV). In: http://www.gesetze-im-internet.de/bundes recht/sigv_2001/gesamt.pdf, Fassung vom 23.11.2007.
[BUND07c]	Bundesnetzagentur: Zertifizierungsdiensteanbieter. In: http:// www.bundesnetz-agen tur.de/nid/22b65f7be3b1d05354d16eb7beb3a0f7,0/Elektronische_Signatur/ Zertifizie-rungsdiensteanbieter_ph.html, Erstellungsdatum vom 21.09.2007.
[DASP00]	Das Parlament und der Rat der Europäischen Gemeinschaft : RICHTLINIE 1999/93/EG vom 13. Dezember 1999 über gemeinschaftliche Rahmenbedingungen für elektronische Signaturen. Amtsblatt der Europäischen Gemeinschaften: ABl. Nr. L 13 vom 19.01.2000, S. 12.
[DSVG07]	DSV-Gruppe: Elektronische Massensignatur als wirtschaftliche Einzelplatzlösung. In: http://www.dsv-gruppe.de/presse/informationen/nf_aktuelles/aktuell/2007_10_23a/ in-dex.htm, Erstellungsdatum vom 23.10.2007.
[FISC06]	Fischer-Dieskau, S.: Das elektronisch signierte Dokument als Mittel zur Beweissiche-rung. Nomos, Baden-Baden 2006.
[GRUN07]	Gruhn, V. et al.: Elektronische Signaturen in modernen Geschäftsprozessen. Vieweg, Wiesbaden 2007.
[HÜHN03]	Hühnlein, D.: Aspekte der Massensignatur. In: Horster, P. (Hrsg.): Tagungsband „D•A•CH Security", IT-Verlag, Erfurt 2003, S. 293-307.
[ITSE05]	Ohne Verfasser: Ca. 500 Millionen Euro im Jahr könnten deutsche Unternehmen ein-sparen. In: http://www.itseccity.de/?url=/content/produkte/digitalsignatur/050321 _pro_dig_utimaco.html. Erstellungsdatum vom 21.03.2005.
[KOMN07]	Komnios, K.: Die elektronische Signatur im deutschen und griechischen Recht. Euro-päischer Verlag der Wissenschaften, Frankfurt am Main 2007.
[LENZ04]	Lenz, J.; Schmidt, C.: Die elektronische Signatur. Deutscher Sparkassenverlag, Stutt-gart 2004.
[ROSS07]	Rossnagel, H.: Die Krise des Signaturmarktes. In: http://www.wiiw.de/publikationen/ DieKrisedesSignaturmarktesLoes1143.pdf, Informationsabfrage am 10.12.2007.
[SCHM06]	Schmoldt, R.: Leitfaden elektronische Signatur. In: http://www.signature-perfect.com /docs/Leitfaden_Elektronische_Signatur.pdf, Erstellungsdatum vom 15.12.2006.
[T7EV07]	T7 e.V.: Akzeptanzstellen für die qualifizierte elektronische Signatur. In: http://www.t7-isis.org/index.php?id=433, Informationsabfrage am 10.12.2007.
[WELT07]	Ohne Verfasser: Elektronische Signatur: Experten erwarten Milliardeneinsparungen. In: http://www.welt.de/welt_print/article740763/Elektronische _Signatur _Experten _erwarten_Milliardeneinsparungen.html, Erstellungsdatum vom 01.03.2007.
[WEND03]	Wendenburg, J. (Hrsg.): Digitale Signaturen in der Praxis. AWV-Verlag, Eschborn 2003.

BEI GRIN MACHT SICH IHR WISSEN BEZAHLT

- Wir veröffentlichen Ihre Hausarbeit,
  Bachelor- und Masterarbeit

- Ihr eigenes eBook und Buch -
  weltweit in allen wichtigen Shops

- Verdienen Sie an jedem Verkauf

Jetzt bei www.GRIN.com hochladen und kostenlos publizieren